熊本の民話と歴史話
あぎゃん話　こぎゃん話
熊本城編

城下町熊本。街を歩けば歴史を経た街の風格を感じさせます。熊本城の内外ではたくさんの語り継がれた話も見つかります。これらが埋もれたままではもったいない、そんな思いでこの二冊ができあがりました。『熊本の民話と歴史話　あぎゃん話　こぎゃん話』熊本城編と街中編です。物語を熊本弁で収録したCDと一緒に楽しんでください。再話と文、CDの「語り」とも、「語り座」寿《す》咲《さき》亜《あ》似《い》さんです。

もくじ（熊本城編）

いたずらしたのは誰？　5

　山東弥源太、下馬橋のはなし　CD

振り向いたおかみさん　8

　法華坂の重箱ばばあ　CD

消えた菊の御紋入りの鉄砲　12

　銃くれ井戸　CD

新鮮な鯛の正体は？ 14
棒庵坂のたぬき CD
大変だ、逃げるに限る 16
百間石垣うしろとび CD
法印殿、許してくれぃ 19
山伏塚 CD
城下の守り神に出世する 23
清正公と二匹の兄弟狐
臨月の身で熊本城籠城 31
西南の役・與倉連隊長の妻鶴子
最大の激戦のきっかけは… 35
段山の屁戦《へいくさ》
◇西南の役密偵　谷村計介

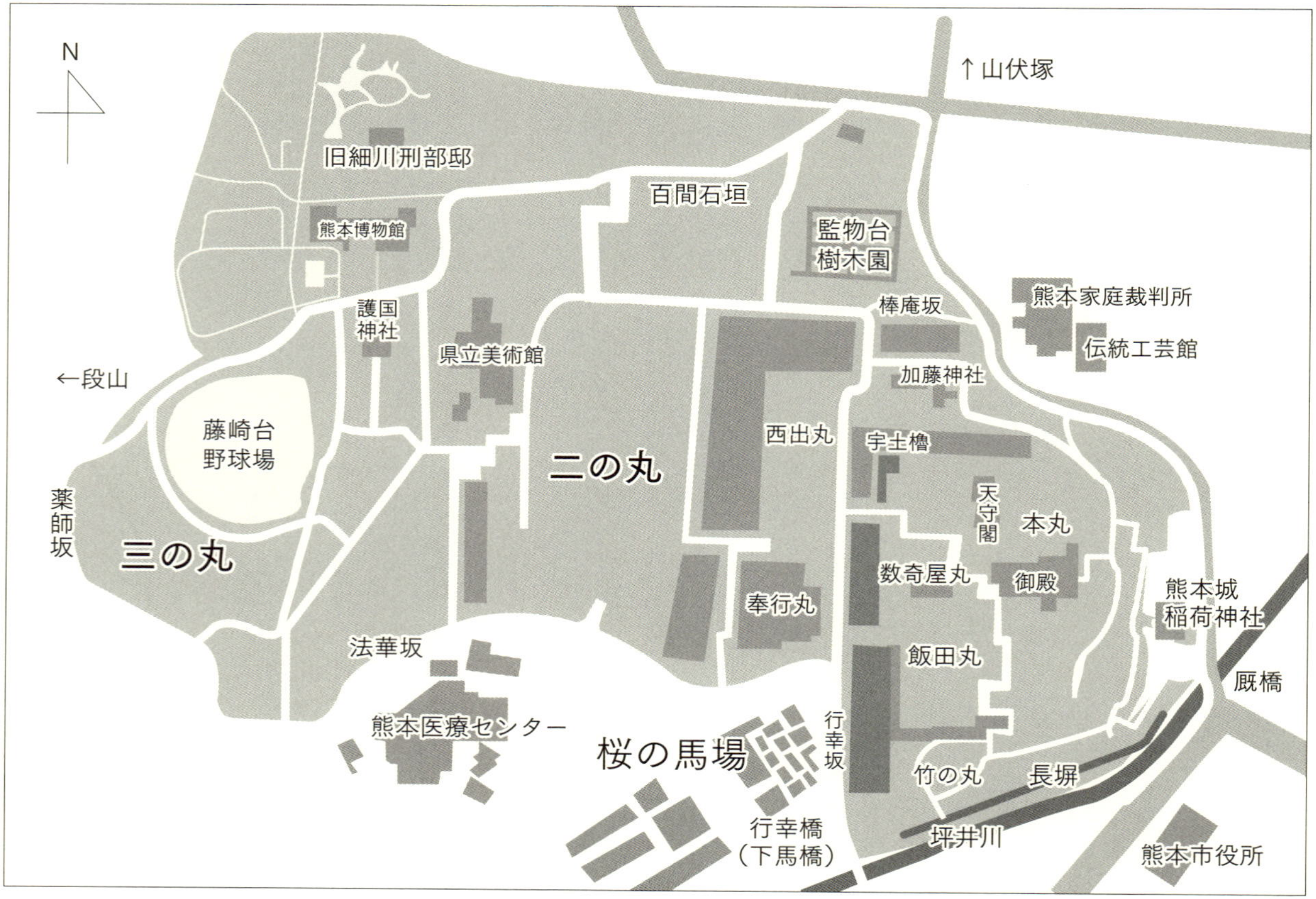
N
↑山伏塚
旧細川刑部邸
百間石垣
監物台
樹木園
熊本博物館
熊本家庭裁判所
棒庵坂
護国
神社
伝統工芸館
県立美術館
←段山
加藤神社
藤崎台
野球場
西出丸
宇土櫓
二の丸
天守閣
本丸
薬師坂
三の丸
数奇屋丸
御殿
熊本城
稲荷神社
奉行丸
法華坂
飯田丸
厩橋
行幸坂
熊本医療センター
桜の馬場
竹の丸
長塀
行幸橋
(下馬橋)
坪井川
熊本市役所

熊本城内・周辺地図

いたずらしたのは誰？

山東弥源太、下馬橋《げばばし》のはなし

山東弥源太は、細川家第十一代斉護《なりもり》公の剣術指南役で兵学者という偉い人だったが、小さいころからいたずら者だったので、今の世になっても語り草になっている。

熊本城の内堀の役目を果たす坪井川に架かる行幸橋は、明治天皇の行幸の時架けかえられた橋で、それまでは、すぐ横に下馬橋が架かっていた。

行幸橋から坪井川上流の長塀（左）方面。すぐ上流に下馬橋があった

ある年の夏の夕暮れのこと、その橋の上で侍が一人夕涼みをしていた。

下を流れる坪井川に、長塀の影が映っていい眺めの上、川面をわたる風が涼しく、侍はいい気分になっていた。すると、川上の方から、三味線と歌と太鼓の音がドンチャンドンツンと聞こえてくる。何事だろうと眺めていると、殿様が夕涼みをしている屋形船が賑やかに近付いてくるところだった。

殿様のまわりには美しい腰元や、お小姓たちがいて、酌をしたり、大うちわであおいだり、三味線に合わせて唄《うた》っている。殿様は、赤い顔をして、ともに唄いながら上機嫌の様子。船のふちにはがんどう提灯や行灯が並べてあって、それが川面に映ってとても良い風情だった。

屋形船が橋の下に近づいたその時、橋の上で涼んでいた侍がひょっこり立ち上がると
「山東弥源太、ここかる小便つかまつる」

と、橋の上から小便し始めたではないか。もちろん、下の船にそれがシブキのようにかかるものだから、船の中は、大騒動になってしまった。

殿様は、もうカンカンに怒って、

「無礼者！　あの無礼者を、ひったてろ〜」

と叫ぶものの、船を岸に着けて家来が追いかけていくまでには時間がかかり、その間に侍は風のようにいなくなってしまった。

「何しろ、殿様は、あやつを捕まえてこいとの命令だし、侍は自分で〝山東弥源太〟と名乗ったのだからそうだろう、弥源太を捕らえるぞ！」

というわけで、捕手の役人たちが弥源太の家に駆けつけた。

ところが、弥源太は二、三日前から病気だと言って寝込んでいる。頭に鉢巻きをして、こめかみに梅干の皮を貼りつけて、顔をしかめながらウンウン唸《うな》っているところだった。

「弥源太、さっき下馬橋で、殿に無礼を働いたかどで捕りたてる、ついて参れ」

「ウ～ン　苦しい～、私はこうしてずっと寝ているのに、下馬橋になど行けるはずはありませんよ～」

「だが、そやつが自分で、山東弥源太と名乗ったのだぞ」

「とんでもない、何か悪事を働く時、わざわざ自分の名前を名乗る大馬鹿者がどこにおりましょうか、何者か知りませんが、私の名をかたったに違いありません。それより具合が悪くてたまりませんので、治ったら私の方から出向きましょう。名前をかたられた上、病気で苦しんでいる哀れな者を引っ立ててこいとは、殿様もおっしゃらないでしょう。そうでしょ！」

役人はそれを聞いて、それもそうだと思って、そのまま引き上げてしまったそうだ。結局この事件は誰が仕出《しで》かしたのかとうとうわからず、殿様は泣き寝入りしてしまわれたというお話。

山東弥源太下馬橋の話は、これでおしまいです。

＝＝＝＝＝＝＝＝＝＝振り向いたおかみさん

法華坂の重箱ばばあ

加藤清正公の母「いと」は熱心な日蓮宗の信者だったので、清正公も信心深く、寺や神社への参拝、寄進は欠かさなかった。また、両親に対する親孝行の心も篤《あつ》く、天正十三（一五八五）年、大坂難波に本妙寺を建てて、清正公数え三歳の時に病気で亡くなった父清忠の冥福を祈った。この時清正公は、数えで二十四歳の若さだった。

その三年のち、清正公は、豊臣秀吉から肥後の北半国二十五石を与えられて、肥後入りすることになった。

瑞龍院から法華経を唱える声が聞こえていたという法華坂

その時、本妙寺を開山し、日ごろから教えを受けている日真上人も連れて来て、法華坂の近くに日蓮宗の道場〝瑞龍院〟を建てて住まわせることにしたが、そこは、元〝三宝院〟という天台宗のお寺があった所だった。それ以来、瑞龍院から法華経を読む声が聞こえてくるようになったので、近くの坂道を法華坂と呼ぶようになったという。それから十二年のちの慶長五（一六〇〇）年関ヶ原の戦いがあった年に、大坂難波の本妙寺をここに移し、身近で父の冥福を祈れるようになったと喜んだ。

隈本城はまだ、今の第一高校の所にあったが、この翌年から新しい城づくりが始まり、慶長十二（一六〇七）年に完成したのをきっかけに、城と町の名前は熊本と改められた。同時にこの本妙寺も法華坂も、熊本城内になった。

新しい城ができた喜びも束の間、清正公は四年後の慶長十六（一六一一）年に亡くなってしまって、中尾山の中腹浄池廟に葬られた。

この話は、新しい城ができる前か後かはわからないが、いつのころからか、

「法華坂にゃ〝重箱ばばあ〟の出るバイ」

という噂が立つようになった。その当時、坂道の登り口に一軒、てっぺんに一軒、茶店があって、どちらも同じ形をしていた。他所から来た旅人は、上の茶店に立ち寄って、

「やれやれ、ようやく熊本の町へ入るぞ」

とお茶を飲む。これから旅立つ者は、下の茶店に立ち寄って、

「これからいよいよ熊本との別れバイ」

とお茶を飲みながら名残を惜しむというふうだった。

ある時、旅人が上の茶店に立ち寄った。

「おかみさん、お茶と団子をおくれ」

と声をかけると、おかみさんは奥で
「はい　はーい」

と返事した。そこで、旅人は茶店の前に出してあるバンコに腰をおろし、煙草《たばこ》でも一服しようとした時、思い出したように言った。

「ああ、そうそう、ここが法華坂かい」

「そぎゃんですたい」

おかみさんは、また奥から返事した。

「そうすると、ここに〝重箱ばばあ〟が出るという話は、本当かね」

「はい、出ますバイ、出ますバイ」

「ほほう、それは面白い！　しかし〝重箱ばばあ〟というのは一体どういうものだろうねぇ」

旅人が、ますます面白がっておかみさんの方を見ると、

「〝重箱ばばあ〟ちゅうは、こぎゃんとですたい」

いつの間にか近くに来ていて、振り向いたおかみさんの顔は…、

「ギャー、出たーッ、〝重箱ばばあ〟」

旅人は真っ青になって、逃げ出した。

足はガクガク震えるけれど、坂道を転げ落ちるように逃げて、逃げて、命からがらようやく下の茶店に逃げ込むと、奥に若い娘がい

た。

「出たー…〝重箱ばばあ〟が出た…助けてくれぇ…目も鼻も口もなかったぁぁぁ…」

ブルブル震えながら、やっと言った。

「あんた、ここにいて恐ろしくはないのかい」

「いいえ、少しも恐ろしくはありません、目も鼻も口もない重箱の底のような顔をしているから〝重箱ばばあ〟と言うのですよ」

奥の娘は、落ち着き払って答えた。そして、出て来た。

「〝重箱ばばあ〟ていうのは、こんな顔だったでしょ！」

その顔を見た旅人は、髪の毛も総立ちになって、また逃げ出した。

「ウワァーッ、また出た、ノッペラポンだーァァァ」

この旅人は、無事に逃げ延びたでしょうか、あなたも法華坂を通る時には、用心してくださいね。

＝＝＝＝＝＝＝＝ 消えた菊の御紋入りの鉄砲

銃くれ井戸

加藤清正公清正公《せいしょこ》さんは、熊本城を築く時百二十もの井戸を掘った。どの井戸も深くて、明治になっても水を湛《たた》え続けていたが、後に大部分が埋められてしまった。その井戸の中に「銃くれ井戸」と呼ばれる井戸が西出丸、加藤神社の前辺りにあったという。

なぜ、そう呼ばれるようになったかという話が、伝わっている。

年は、何年かはっきりしないが、明治の末から大正の初めごろのこと。熊本城は、軍隊の駐屯地になっていて、ある晩、一人の兵隊が西出丸にある兵器庫の歩哨に立っていた。夜通し鉄砲を担いで見回りするのはなかなか大変で、途中便所に行きたくなったが、便所の中まで鉄砲を担いで行くわけにもいかない。そこで兵隊は、傍にあった井戸の縁に鉄砲を立てかけて用足しに行った。

ところが運の悪いことには、そこに将校が見回りにやって来たのだ。

見れば、井戸の縁に鉄砲が立てかけたままになっているではないか。辺りを見回しても誰もいないので、どうしたのだろうかと首をひねりながら鉄砲を持って行ってしまった。

兵隊が、用足しから戻ってみると、鉄砲がない！

「たしかにここに立てかけたはず、ないハズはない！」

兵隊は、血の気も失せて辺りを探し回ったが、どうしても見当たらなかった。

「あの鉄砲は、畏《おそ》れ多くも天皇陛下から賜った菊の御紋入りの鉄砲、命よりも大切にしろと言われているもの、それがみつからないゾーッ」

そのころの軍隊では、菊の御紋の入りの鉄砲は、兵隊の魂であると教え込まれていたのだ。それが無くなったのだから、もう動転してしまった。

「もう、こうなれば死んでお詫びするしかない」

兵隊は思い余って、とうとう井戸の中に身投げしてしまった。

それ以来、夜になると、特に雨の夜に、

「銃ばくれ〜」「銃ば返してくれ〜」

という悲しいとも、恐ろしいともわからないような声が、井戸の中から聞こえてくるようになったという。だから〝銃くれ井戸〟と、呼ばれるようになったという話。

この井戸は、今はもう埋められたのでご安心を。

銃くれ井戸の話は、これでおしまいです。

＝＝＝＝＝＝＝＝新鮮な鯛の正体は？

棒庵坂のたぬき

熊本城のボーアン坂とは、今のＫＫＲホテル熊本のある所に、加藤清正公の家来、下津棒庵の屋敷があったので、その向かいにある坂道を下津棒庵の名前をとって、棒庵坂と呼ぶようになった。

坂の途中に番所が置かれていたが、明治以降は大木が生い茂り昼なお暗い所だった。それで、ここにはいつも狸《たぬき》が出て、人に悪さをしていたという。それは、道を通る人に石や、木の枝を投げたりするし、白坊主や、三つ目小僧や大入道に化けて現れ、人を脅かしたりしては喜んでいた。

そんなある日、ある男が通りかかると、三つ目の大入道が突然ニューッと現れた。ところがその男はしょっちゅう棒庵坂を通っていたので、化かされるのには慣れていたし、狸の仕業だということは、百も承知だった。

「おー、きょうは三つ目の大入道に化けたのかい、そういうのはもう古い、古いよ」

と、怖がりもせず言ったので、三つ目の大入道は、ガッカリした様子でスーッと消えてしまった。

そのあくる日、またその男が通りかかったが、狸は出てこない。

「ああ、昨日ガッカリさせたから、きょうはもう出てこないつもりだな」

と思っていると、魚屋が天秤棒で桶を前後ろに担いで追い越して行った。すると、その桶から鯛《たい》が一匹飛び出した。「アラアラ」と思っているうち、魚屋は気付かずに行ってしまった。

鯛は、地べたに落ちてピンピン跳ねている。

「うわあ、これはいいものを落として行ったなぁ」

と、その男が、急いで拾おうとしたが、鯛はピンピン跳ねてなかなか捕まらない。そこでつい、

「これはよほど新しいんだなぁ」

と言った。すると、

「どうだ、今までのは古かったが、今度のは新しいだろうが」

という声がして鯛は、パッと消えてしまった。

狸が鯛に化けていたという話。ボーアン坂を通る時には、狸に化かされないように用心してくださいね。

棒庵坂のたぬきの話は、これでおしまいです。

百間石垣うしろとび

熊本城の加藤神社の前を通り、監物台樹木園横から下る坂道の左手に続く石垣を「百間石垣《ひゃっけん》」と呼んでいる。この石垣は、清正公の家来、飯田覚兵衛が築いたもので、百間、百八十メートル以上続いている。そこで百間石垣と呼ばれ、高さは三十尺、九メートルもあって、「百間石垣うしろとび」の話が伝わっている。

下馬橋の話でも登場した細川家剣術指南役、山東弥源太が六つか七つのころの話で、弥源太は、どうにもこうにも大人の手に負えない、いたずら小僧だった。

ある年の正月のこと、弥源太少年がお城の二の丸にある長岡監物という家老の屋敷（今は監物台樹木園になっている）の前を通りかかると、門にとても立派な注連《しめ》飾りが掛けてあった。

「正月だからどこの家でも注連飾りがしてあるが、これは一段と大きいなぁ、ようし、これを持って帰って、近所の人たちに見せてやろう」

と、弥源太はまるで猿のように門の柱に登って、結びつけてある縄を解き始めた。ところが、それを門番が見つけた。

飯田覚兵衛が築いた百間石垣。城内の石垣の中でも威容を誇る

「あのいたずら小僧が、ようし少しおどかしてやろう」

門番は吹き矢で脅かすつもりでプッと吹くと、ヒューッと飛んでいって弥源太の尻に当たった。が、弥源太は平気でお飾りの縄を解く手を止めない。

「しぶといガキめ、よおし、みておれよ」

門番が二本めの吹き矢をプッと吹くと、今度は頬に当たった。それでも弥源太は、矢を片手で引き抜いて逃げようとしない。とうとう本気で怒った門番は、槍《やり》を下げて来た。

「正月早々から、お飾りを盗りに来るとは、バチ当たりが、槍で突き刺すゾ！」

と、うしろから迫ってくる。いくら弥源太でも槍で突き刺されてはたまらない。

「これは大変、逃げるに限る」

その時ようやく縄が外れたので、お飾りを両方の手で持ったまま、逃げ出した。

「まてぇ、逃がさんぞーっ」

もし捕まりでもすれば、ただでは済まないことは、門番の目つきを見ればわかるので、弥源太も必死になって二の丸の侍家敷の間をグルグル逃げ回る。けれどもだんだん追われて、とうとう二の丸の北側にある百間石垣の上に出てしまった。

門番は、じりっじりっと一歩一歩近寄ってくる。弥源太はとうとう石垣の隅に追い詰められてしまった。こうなれば、子どもながら敵にうしろは見せられないと、クルッと門番の方へ向き直った。門番は迫ってくる、うしろはない、もう絶体絶命の危機！ その時弥源太は、

「エーモサイサイ百間石垣、うしろとび〜」

と叫びながら、高さ三十尺、九メートルもある石垣の上から飛び降りていった。ところが、両手に九尺、三メートルばかりあるお飾りを握り締めていたので、それが羽のような役目をして、フワッと着地できたという。

それから後、何事も思い切ってすることを「清水の舞台から飛び下りる」と言うかわりに、肥後では「百間石垣うしろとび」と、言うようになったという話。

「百間石垣うしろとび」の話は、これでおしまいです。

法印殿、許してくれぃ

山伏塚《やんぼしづか》

熊本城は、加藤清正が慶長六（一六〇一）年から六年の歳月をかけて築き、慶長十二年に完成した実戦向きの城で、日本三名城の一つと言われている。特に、上に行くほど反り返っている武者返しの石垣をはじめ、上りにくく駆け下りやすい石段、工夫をこらした櫓、籠城《ろうじょう》に備えての天守閣の中の食糧庫、百二十もあったという井戸、抜け穴等など、戦いやすく、敵が攻めにくいように、秘密のしかけがしてあった。この城の秘密は、他国には決して知られてはならないことだった。

加藤清正は神仏を篤《あつ》く信仰していたので、熊本城を築く時に、龍蔵院法印という山伏を大坂から呼び寄せて、城造りが無事進むように御祓い祈祷をしてもらった。それは、門を置く場所、櫓、塀、堀、天守と膨大な広さと数だったので、数カ月かかってしまった。

それが終わると、法印は自分の国へ帰ることになったが、そのころには城の侍たちとすっかり顔なじみになっていたので、皆、名残を惜しんで見送ってくれることになった。城から北へ、京町を過ぎ、出町を過ぎた丘まで来た時、

「われらの見送りはここまでだが、どうにも別れがたい、実は酒肴《しゅこう》を持参して参った。別れの酒盛りを致しましょうぞ」

と、丘の上で別れの酒盛りが始まった。

「法印殿、永い間ご苦労でござった。祈祷のお陰で安心して工事が始められまする。さあさあ一杯」

「法印殿の旅が無事であるよう、今度は我らが祈っておりますぞ、さぁ飲んでくだされ」

法印もお酒は嫌いではなかったし、役目を終えた安心から、皆のすすめる酒をグイグイと飲み干し、上機嫌で皆と話に花をさかせていた。その時、一人の侍が、法印にたずねた。

「ところで法印殿、あちらこちらと御祓いをされたので、城の様子もおおかたおわかりになったでしょうなぁ」

それは、何気ない質問だった。すると上機嫌で口が軽くなっている法印は、

「ああ、それはようくわかりますぞ、城は西向きの平山城で、坪井川を内堀とし、城内は空堀が多く…ただ、西の段山の辺りが少し守るに不安…」

とペラペラと自分の思っていることをみな話した。

じっと聞いていた侍たちの顔色が変わったことにも気付かないほどに酔った法印は、ゆっくり立ち上がった。

「いやあ、皆さまたいそうごちそうになった。それではこれでおいとまをいたします」

と別れのあいさつをして立ち去ろうとしたその時、

「これほどまでに城の様子を知った者を他国へ出すことはできぬ。法印殿、許してくれぃ、御免！」

　言うが早いか、侍たちは、その場で法印を斬《き》り殺してしまった。けれど、法印には何の罪もない。武士たちは、城の秘密を守るためとはいえ、無残に死んでいった法印の霊を慰めるため、手厚く葬った。その後、その法印を葬った所を「山伏の塚」がなまって、「山伏塚」と呼ぶようになり、江戸時代にも法印の供養塔を建てたり、お地蔵さまを祀ったりした。

龍蔵院法印を手厚く葬った山伏塚。供養塔などが建てられている

　また、城から山伏塚へ行く途中の出町には、法印が城の帰りに水を飲んだという古井戸が残っている。法印は、うまいうまいとゴクゴク水を飲んだあと、

「こんなにうまい水は初めてだ、どんなに日照りがこようと、この井戸の水だけは枯れないように、また、この辺が火事にあわぬように祈って

あげましょう」

と言って、お祈りしてくれたと語り伝えられている。

その言葉通り、何度か火事が起こっても昔の土蔵が焼けずに残っていて、井戸もきれいな水をたたえている。

それで、改めて法印の力を知った池田町の人びとが中心になって、昭和十一年に記念碑を建て、墓の周りに石の垣根をめぐらして整備した。お墓には、今も花や線香が供えられ、法印の冥福を祈る人が後を絶たず、辺りは春にはサクラが咲き、夏は木陰で憩える公園になっている。

熊本城から北へ進むと、池田町の県道（もと国道3号線）沿いに「山伏塚」というバス停がある。その上が山伏塚なのでぜひ一度訪れて、城造りの犠牲になった法印に思いを馳《は》せていただきたい。

地元町民の手で建てられた記念碑

＝＝＝＝＝＝＝＝＝＝＝城下の守り神に出世する

清正公と二匹の兄弟狐

加藤清正は、天正十六（一五八八）年に肥後の国北半国の領主として入国以来、今の第一高校の場所にあった城に住んでいたが、古いのと手狭さを理由に慶長六年から茶臼山に新しい城造りを始めた。

石垣にする石は、当初主に花岡山から切り出していて、清正は、いつも袖なし羽織に草履履きという気軽な格好で見回りに出かけて、指揮をしていたという。

清正が休憩したといわれる花岡山の腰掛石

けれども、ここぞという時には鎧《よろい》兜《かぶと》に身を固めて指揮したと言われ、花岡山山上にある仏舎利塔の横には、兜を置いたといわれる兜石や清正が休んでいた腰掛石が残っている他、仕事始めやお昼、仕事終わりを知らせる鐘をかけた〝鐘かけ松〟も、当時の松は枯れてしまったものの何代目かが枝を広げている。

ある時、花岡山の戸坂に面する側

にある八枚岩のところを切り出すことになった。ところがどうしても切り出すことができない！

実はここには、神通力を持つ二匹の兄弟狐が住みついていたからだった。昔から狐は稲荷大明神倉稲魂《うがのみたま》の神のお使いで、神様は赤い衣を着た狐と白い衣を着た狐を二匹連れているといわれている。

この二匹の兄弟狐は、遡《さかのぼ》る事二十年ばかり前、大坂、石山本願寺のある石山城（現在の大阪城）の石垣に住みついて、平和に暮らしていたが、突然、織田信長が攻めかかってきて、十重二十重に取り囲んでしまった。兄弟狐は石山城が落城することをいち早く察知して逃げ出し、棲家《すみか》を探してさ迷ううちに、琵琶湖のほとり、近江の国長浜までやって来た。当時羽柴秀吉と名乗っていた豊臣秀吉が治めるようになったころで〝今浜〟という地名を、末永く栄えるよう願いを込めて〝長浜〟と改めたばかりの町は、活気があった。

二匹が物陰に隠れながら歩いていると、突然町の真ん中での真剣勝負の場に行きあたった。

一人は背の高い、髭《ひげ》の剃りあとも青々とした精悍《せいかん》ないい男、もう一人は色黒ギョロ目の背の低い男で、どちらもなかなかの使い手とみえて、白刃から火花が散るように、何度も切り結ぶが勝負はつかない。

兄弟狐が、どちらに軍配が上がるかと面白がって見守るうち、そこへ城下見回り組らしい若者が十人ばかりの手下を連れて駆けつけて来た。

「まてーッ、刀をひけーッ、昼日中の往来で何をしている、二人ともやめよ！」

「邪魔するな！　大事な勝負なのだ、止め立てせず見逃してくれ！」

と二人はにらみ合ったまま、一向にやめようとしない。

「ヨシそんなに戦いたいなら私を倒してからにしろ！　二人一緒にかかってコイ」

言うなり若者は、刀を手下に預け、丸腰で一歩前に踏み出した。

「そこまで言うなら、オイ、勝負はこの若いのを片付けてからにしようぞ」

「ヨシ、そうするか」

と、今度は見回り組の若者対、決闘していた二人の二対一の戦いになった。

兄弟狐が、ますます面白くなったと固唾《かたず》を飲んで身を乗り出した次の瞬間、

「エイ、ヤァーッ」

掛け声と同時に二人の体は宙に舞い、地べたに叩きつけられてしまった。二人を投げつけたこの若者こそ、十七歳、若き日の虎之助

清正だった。

虎之助清正は、兵法を塚原卜伝《つかはらぼくでん》の遠縁に当たる塚原小才次《こさいじ》に学び、槍は宝蔵院覚善坊胤栄《ほうぞういんかくぜんぼういんえい》に習い免許皆伝の腕前、弓は折野弥次右衛門《おりのやじえもん》頼広《よりひろ》について、日々武術の鍛錬に励んでいたので、目を見張るほどの強さだったのだ。それに羽柴秀吉の母なかと、清正の母いとは、従姉妹同士ということもあって若くして百七十石取り、長浜見回り組頭に抜擢《ばってき》されていた。

「ま、参りましたッ」

「これほどお強い方に初めて会いました、どうぞお名前を聞かせてくだされッ」

二人はその強さに恐れ入って、地べたにひれ伏して言った。

「わしは羽柴秀吉様の家来、長浜見回り組頭加藤虎之助清正だ、どうして往来で斬《き》り合いなどしていたのだ」

他の者ならば問答無用とばかりに捕らえて、牢送りとなるところだろうが、虎之助清正は、若いながらも〝聞く耳〟を持っていたので訳を尋ねた。

二人が観念して一部始終を語ったことによれば、まずは背の高い、精悍ないい男の言い分。

「私は、木村又造《きむらまたぞう》と申す浪人でございます。この町から少し外れた所に、母と共に暮らしておりますが、その母が病に倒れたのでございます。医者に診せますと、朝鮮人参を煎《せん》じて飲ませよと言うのですが、朝鮮人参を買う金など貧乏なわが家のどこにありましょうか…薪《たきぎ》を売って金を作ろうとしましたが、母の容態は悪くなる一方、もう切羽詰まって…どうしたら金を工面できるかと、そのことばかり考えながら山から帰る途中、往来に酔って寝ているコイツを見つけたのでございます。真昼間から気楽に酒を飲んで酔っている姿を見ると無性に腹がたってきて、ヨシ、コイツから金を取ろうと思いつきまして〝起きて俺と勝負しろ〟と声をかけたのでございます」

次に色黒ギョロ目の背の低い男の言い分。

「私は周防の国の浪人で井上大九郎《いのうえだいくろう》と申します。三年前に父に続き母までも死んでしまいましたので、武者修行の旅に出たのでございますが、本日道場での試合に勝ち、久しぶりに金が入ったので酒を飲んだところ、不覚にも道端で寝てしまったらしく、この男の〝起きて勝負をしろ〟と言う声で目を覚ましますと、道端でございました。この男は〝勝負をして自分が勝ったら金をよこせ〟と言うのです。金が欲しいなら、寝込んでいる私の懐から盗んでいけばいいものを、わざわざ起こして試合を申し込むとは見上げた心がけだと思い、受けてたった次第でございます」

この井上大九郎はこの時二十一歳、さらに深々と頭を下げて言った。

「あなた様のためならば命を捨てても本望でございます。どうか家来にしてくださいませ」

心の広い虎之助清正は、井上大九郎の願いを聞き入れると、もう一人の男に言った。

「木村又造とやら、そなたの母を思う優しい心に免じ、きょうのところは許してやろう、この金で薬を買うがよい」

なんと、財布ごとお金を渡して家に帰してやった。又造は、この心遣いに感激して涙を流し、何度も振り返りながら帰って行った。

これを物陰で見ていた二匹の兄弟狐は感心した。

「あのお方こそ将来きっと立派な殿様になるに違いない。ずっとあの方についていこう」

と決めて、清正が二十六歳で肥後入りする時こっそりついて来て花岡山の八枚石に住み着いたのは、そこが大坂の石山城の石垣に似ていたからだった。あの井上大九郎はもちろん、木村又造も母親が死んだあと葬式をだした足ですぐに清正の元に駆けつけ、家来に

清正の肥後入りについてきた兄弟狐が住みついた八枚石

してもらって肥後にやって来た。それ以来二人はよく働き、朝鮮の役にも同行して大活躍をし、家来にしてもらった面目をたてた。

清正は、七年にも及ぶ朝鮮での辛い戦いを乗り越え、戻った翌年に関ヶ原の戦いがあり、宇土城を落とすなど九州で戦うという戦《いくさ》続きだったが、ようやくその翌年から城造りが始まった。

この時、兄弟狐が棲家にしている八枚石を清正が指揮して切り出そうとしたので、神通力を使い、切り出せないように邪魔をしていた。それは棲家がなくなるばかりでなく、八枚石の岩はもろく、石垣を築けば長持ちしないとわかっていたからだった。八枚石の切り出しに手こずった清正は、どうしたら岩を切り出せるか、腰掛石に腰掛けて考えるうちついウトウトと眠ってしまった。するとその夢の中に二匹の兄弟狐が現れたのだ。

「わたしたちは、あなたがまだ十七歳のころ、長浜の町で往来での決闘を見事に治められたそのお力に感じ入って、この肥後の国までついて来た二匹の兄弟狐でございます。この八枚石の岩は石垣には不向きで、築いてもすぐに崩れてしまいます。どうぞ石神山の石をお使いくださいませ」

それだけ言うとスーッと消えてしまった。ハッと目を覚ました清正は、喜んだ。

「そうであったか！　それで訳がわかったぞ、ありがたいことだ、わしは母の教えで神仏を大切に信仰し、寺や神社にも寄進を重ねてきた。それは見返りを求めたりはせぬわしの真心からそうしたいと思ったことだった。しかし、今神の教えがあった！　人の力はたかが知れておる、神仏のお力を借りねば事は成せぬのじゃ」

清正は、このお告げを信じて石神山など金峰山一帯の石を使ったお蔭で四百年後の今でも崩れない立派な石垣ができ上がった。清正はこの狐に感謝して、

「兄の狐は清藤大明神として花岡山で肥後の国を守り、弟の狐は、緋衣《ひごろも》大明神として城のある茶臼山を守ってくれ」

と大切に祠を祀った。この八枚石の所にある清藤大明神は、急な崖を降りなければならないところから、花岡山山上にある日本山妙法寺横にも祀られているし、当時熊本城内天守閣横にあった緋衣大明神は、厩橋《うまやばし》横の熊本城稲荷神社に祀ってある。この二匹の兄弟狐は、神として今もこの熊本を守ってくれているのに違いない。

兄の狐を祀る清藤大明神。弟を祀る緋衣大明神は熊本城稲荷境内にある

＝＝＝＝＝＝＝＝＝臨月の身で熊本城籠城

西南の役・與倉連隊長の妻鶴子

明治十（一八七七）年二月、五十年ぶりの大雪を踏み分けて、西郷隆盛率いる一万五千の薩軍が「政府に問うところあり、熊本を通過するにあたり、兵隊を整列させて指揮をうけるべし」と、熊本城に迫った。

熊本鎮台司令長官谷干城《たにたてき》は、これに対し二月十八日、熊本城は、「西郷の意向に従うわけにはいかん」と籠城《ろうじょう》を決め、食糧、物資、武器などを準備しその戦いに備えることになった。

籠城するのは鎮台三千五百人の兵ばかりでなく、鎮台司令長官谷干城の妻、玖満子をはじめ、将校や兵卒の妻たちも城に入ることになったが、その中には、臨月の大きなお腹を抱えた第十三連隊隊長、與倉知実《よくらともざね》中佐の妻、二十九歳の鶴子がいた。

ところが、城に入った翌日の昼前、妻たちが昼食の用意をしていた午前十一時四十分、天守閣から突然火の手が上がり、西からの強風に煽《あお》られて火の勢いは増すばかり。たちまち加藤清正が築いた天下の名城の一の天守、二の天守、本丸御殿はおろか、飛び散る火の粉は城下をも巻き込んで、町も大半が焼けてしまった。

この火事の原因は、炊事の火とか薩摩側の放火などと言われていたが、鎮台が中国の兵法にある籠城戦法をとって、自分で火を付けたとする説が有力になっている。

その三日後の二月二十二日の明け方、竹の丸空堀に建てた避難小屋にいた鶴子の陣痛が始まった。

ちょうどそのころ、城の西側、焼け落ちた藤崎八旛宮の辺りの段山で、城へ突入しようとする薩軍との間で戦いが始まっていた。

鶴子は、その銃声を耳の奥で聞きながら、谷長官の妻、玖満子に助けられて女の子を産んだ。産声が響いたと同じ時、部下を指揮して戦っていた鶴子の夫、與倉中佐の胸を敵の弾が撃ち抜いた。すぐに城内の野戦病院に運ばれたが、わが子が無事に生まれたことも知らず、十数時間後静かに息を引き取った。三十歳の若さだった。

鶴子に、夫の死は知らされなかったが、床上げの日に谷司令長官がやって来て、

「與倉中佐は、負傷したから、私が『幹子』と命名しよう」

と言った時、夫の死を悟った。けれども、悲しんでばかりはいられないと、涙をこらえてけなげに傷病兵の看護をしたり、玖満子を助けて食糧探しなどをしたりして働いた。

食糧は、籠城に備え充分用意したが、火事で焼けたのと籠城が長引いたので、総勢五千人もの食糧をまかなうのは難しかった。そこ

で、四月八日奥保鞏《おくやすかた》少佐率いる突囲隊、小川大尉率いる侵襲隊《しんしゅうたい》、そして予備隊の三隊が食糧調達と、薩軍の背後から進んでくる味方の軍との連絡のため出撃した。

侵襲隊が安政橋（安政四年巳年に架けられたのでこの名がある。安巳橋とも表記）、予備隊が明午橋（明治三年午年に架けられたのでこの名がある）で陽動作戦をとって戦っている間に、突囲隊は安政橋の上流の川の中に突進し、見事薩軍の包囲を突破して目的を達成した。一方侵襲隊は、九品寺にあった薩軍の米七百二十俵、小銃百挺などをぶんどって引き揚げたので、城内の食糧は、五月まで持ちこたえることができたという。

そして苦闘五十四日目の四月十四日、午後四時、隈庄から進軍して来た別動第二旅団・山川浩中佐隊が熊本城へ到着して、籠城戦は幕を下ろした。籠城した皆の喜びの声を聞きながら鶴子は、この場に夫がいたらどんなに嬉しいだろうかと、改めて涙を拭《ぬぐ》うのだった。

監物台樹木園の門を入ってすぐ左手に、「與倉

監物台樹木園内にある與倉中佐夫人産床の石碑

中佐夫人産床之跡」という小さな石碑が立っていて、この出来事を今に伝えている。

＝＝＝＝＝＝＝＝＝＝＝最大の激戦のきっかけは…

段山の屁戦《へいくさ》

西南の役さなかの二月二十二日、薩軍は、熊本城を取り囲んだのと同時に、守りが薄いとみられた西側の段山《だにやま》から、決死の覚悟で攻め始めた。ところが、城造りの名人加藤清正が実戦向きに築いた城の守りに阻まれた上に、鎮台側は最新式武器を備えていたので、攻めきれなかった。この時、お互いに大勢の死傷者を出し、鎮台側の與倉連隊長も敵弾に倒れたので薬師坂の上（藤崎台童園内）に石碑が建っている。

やがて政府軍が南下して来るのを知った薩軍は、田原坂方面に進む隊と熊本城を囲む池上四郎率いる五番大隊、約三千の兵とに分かれた。城を囲む兵が減った薩軍は、熊本城の東西を流れる井芹川・坪井川をせき止める水攻め作戦を決行して、熊本城は水に浮かぶ城になってしまった。

城の周りは水没したものの、城の西側、段山付近では薩軍との距離は近く、お互いの顔もよく見えるほどで、にらみ合いが続いていたが、そのうち持久戦の中で一向に進展しない戦いに苛《いら》立ったのか、薩軍の中から声が響いた。

「おはんらは粥《かゆ》ばかりで米の飯は食えんだろー、腹が減っては戦はでけん」

これを聞いた鎮台兵は

「お前たちは薩摩芋《いも》ばかり食うているだろう、それに弾がなかろうが」

と返す。この舌合戦が段々激しくなって、

「お前たちを撃つ弾がもったいない、屁でもくらえーっ」

と尻を向け鎮台から薩軍に向かって〝屁〟を放った。ブッ！

それを見た薩軍は、

「何だその屁は元気がないぞ。薩摩芋の屁を嗅いでみろ！」

と大きな一発を返した。ブッ！

「生意気な、よーしみておれ」

と十四、五人が尻を向けて屁の戦いが始まった。怒った警視隊の巡査が直談判に薩軍へ乗り込み、ここからまた戦い

島崎２丁目の井芹川沿いにある薩軍戦死者慰霊碑（左）と熊本城城彩苑入口にある西南の役回顧の碑

が始まって三月十二日から十三日にかけて一昼夜も続く熊本城籠城戦最大の激戦となった。きっかけはのどかな話だったが、鎮台側は、二七一人の死傷者を出し、薩軍側は七三人が戦死した。

後にこの戦いを、段山の屁戦と呼んでいる。島崎二丁目の井芹川沿いにはこの時亡くなった薩軍兵の慰霊碑がある。

◇西南の役密偵　谷村計介

西南の役で熊本城が薩摩軍に包囲された時、谷村計介は籠城軍の中にいた。二月二十二日に戦闘が始まって以来、外部との通信は一切できなかったので、司令長官谷干城は、玉名の高瀬にある官軍本営本部と連絡を取るため、谷村計介を差し向けることにした。

それまで、この役目で出かけた者は誰も成功していないという命がけの任務だったが、計介はただ一言〝ハイ〟と答え、二月二十六日の真夜中、

「然《しか》らば皆さん」

とひそかに城を脱出した。

その姿は、縞《しま》のボロはんてんに縄帯をしめて農民姿に変装していたが、やはり本妙寺の裏山で薩軍に捕まってしまった。けれどあきらめず、見張りの隙《すき》を見て逃げ出すことができた。

ところが翌日、吉次峠でまた薩軍に捕まってしまった。薩軍の熊

本隊隊長、佐々友房の前に引き出された計介は、わざと震えながら「私は小倉のもので、家にいる年老いた母を思う一心で脱走して来ました。一目母に会うまで、どうか命だけはお助けくださいませ」と臆病《おくびょう》者のふりをして命乞いをしてみせた。歌舞伎役者もかなわない一世一代の名演技に、コロリとだまされた佐々友房は、お咎《とが》めなしで、計介に握り飯運びなどの手伝いをさせた。

そして、四日後の三月一日夜、隙を見てようやく脱出。翌日の午後、ほうほうの体《てい》で、目的の高瀬の官軍陣地にたどり着いたものの、今度は薩軍の密偵と疑われて、計介が何と訴えても信用されない。そこへ元上官が偶然通りかかり、ようやく疑いが晴れて、熊本城内の状況を詳しく報告することができた。これが官軍を勝利に導くきっかけになったと言われている。

二日後、三月四日から田原坂での激戦が始まると、

「使命は果たしたのだ、休め」

という上官の言葉を振り切って、計介は伝令の役目を買って出た。そして体中に銃弾を受けて、二十三歳を最期として壮烈な死を遂げた。この勇気ある行動は、戦前、小学校の修身の教科書にも「ちゅうくんあいこく」と題して紹介されていた。

熊本城天守閣入口に銅像が立てられている。

寿咲　亜似（すさき　あい）

長年、司会やラジオパーソナリティーを務める傍ら、熊本弁による民話語りから文学作品の朗読まで30年にわたり幅広く語り続けている。

自身が民話を聞いて育った体験から、先人の功績に触れ、地元の民話を知ることは、郷土愛を育むと確信、2009年に肥後の歴史物語と民話の会「語り座」を設立。現在賛同会員は300人を超え、埋もれつつある民話を掘り起こし、歴史話の脚本を書き語っている。「清正公をめぐる五人の女」の著書、ＣＤ発売。熊本各地の民話伝説、歴史物語を取り入れた自作が100以上もあり“語り舞台”として各地で公演のほか、会社、学校、地域などへの出張公演・講演も続けている。

ラジオは「おはなしの森」、「ボイスステーション」、「清正公の国づくり」など、テレビは「窓をあけて九州」など出演多数。

東京アナウンスアカデミー修了、元劇団石団員。俳優、譲晴彦氏に朗読と演劇、神田紅氏に講談を師事。2008年「小さな親切」運動内閣官房長官賞受賞。「民話語り塾」を開催中。

『熊本の民話と歴史話
あぎゃん話　こぎゃん話①熊本城編』

2015（平成27）年２月23日　初版発行

著　　　者　寿咲　亜似
大 扉 挿 絵　すまき俊悟
Ｃ Ｄ 編 集　中山　正直
発　　　行　熊本日日新聞社
制　　　作　熊日出版（熊日サービス開発出版部）
〒860-0823　熊本市中央区世安町172
電話　096（361）3274
印　　　刷　㈱城野印刷所